Dica da Ka

CB007644

Editor
Gustavo Guertler

Coordenação editorial
Studio 77 e Fernanda Fedrizzi

Revisão
Germano Weirich

Projeto gráfico
Celso Orlandin Jr.

Capa
Arte: Lucas Malta / Foto: Alexandre Vianna

Fotos
Alexandre Vianna, Bruna Casotti e Studio 77

Lettering
Lucas Malta

Dados Internacionais de Catalogação na Fonte (CIP)
Biblioteca Pública Municipal Dr. Demetrio Niederauer
Caxias do Sul, RS

M637 Milanesi, Karina
Dica da Ka / Karina Milanesi. _Caxias do Sul, Belas Letras, 2016.
120p.; 20 cm.

ISBN: 978-85-8174-331-8

1.Decoração. 2. Faça você mesmo. I. Título.

16/85 CDU 747

Catalogação elaborada por
Cássio Felipe Immig, CRB-10/1852

Grafia atualizada segundo o Acordo Ortográfico da Língua Portuguesa de 1990, que entrou em vigor no Brasil em 2009.

IMPRESSO NO BRASIL

EDITORA BELAS LETRAS LTDA.
Rua Coronel Camisão, 167
Cep: 95020-420 – Caxias do Sul – RS
Fone: (54) 3025.3888 – www.belasletras.com.br

Belas Letras

Gostou? Fu

Nunca me esqueço da inquietude da minha mãe mudando móveis de lugar o tempo todo, pintando paredes de uma cor diferente da outra, usando sacolinhas plásticas para dar um efeito legal.

Minha avó por parte de pai, Dona Odette, tinha gavetas recheadas de rendas e retalhos. Dona de uma tapeçaria, transformava poltronas e sofás velhos e tristes em móveis novos e felizes. Eu podia dizer que ela ressuscitou muitos deles por aí. Na sua casa, potes e potes de tintas e uma chuva de telas brancas esperando pra serem pintadas e, aí sim, observadas.

Lembro bem quando minha avó por parte de mãe, a conhecida Dona Nenê, passava horas e mais horas fazendo bonecos de biscuit, flores de meias finas, costurando seus próprios vestidos na sua máquina. Eu observava aquilo e, depois de tanto barulhinho de costura, vira e volta de tecido, ver sair um vestido daquilo tudo era como estar sentada em um picadeiro de circo assistindo a uma mágica.

Por mais que eu me sentisse hipnotizada por tudo aquilo, nunca imaginei o que estaria por vir na minha vida.

Foi questão de tempo (pouco tempo) pra que eu começasse a colocar em prática aquilo que estava no meu sangue.

Se o Dica da Ka foi uma coincidência do destino? Desculpe, foi maior que isso, foi o florescimento de uma semente plantada por toda uma vida!

Agora eu espalho sementes por aí, e tenho a oportunidade de viver e ver todo esse florescer.

As minhas dicas surgiram muito antes de dividir isso com alguém, o reutilizar e transformar algo que estava ali no seu cantinho sem muita vida fazia com que eu me sentisse presenteada por alguém que sabe exatamente o que eu gosto: Eu!

Descubra dentro de você muitos dons escondidos por meio deste livro, e depois de colocar a mão na massa, esteja preparada para dizer uma frase que faz toda a diferença depois de receber muitos elogios: “Gostou? Fui eu que fiz!”.

Karina Milanesi

Este livro é dedicado às agricultoras da minha vida.

#agoravamos

UMA LISTINHA BÁSICA DE MATERIAIS

A partir de agora, muitas tentativas, acertos e erros. Mas nunca desista.

Sumário

Ban

deirinha

Depois de namorar muitas bandeirinhas em sites de decoração gringos, decidi fazer a minha própria, gastando bem menos e podendo ter a liberdade de escrever o que me der na telha! Rs.

Em um pedaço de tecido plano desenhe e recorte a sua bandeira na medida de: 24,5cm (L) x 30cm (A).

Posicione seu estêncil Fé no centro da bandeirinha.

Cole as laterais do estêncil com fita crepe no tecido, para ele não escorregar na hora de pintar.

Separe a tinta de tecido da cor de sua preferência, e um pincel mousse.

Molhe suavemente o pincel na tinta e faça aplicações de leve do pincel em cima de cada palavra.

Deixe secar por uma hora e retire o estêncil com cuidado.

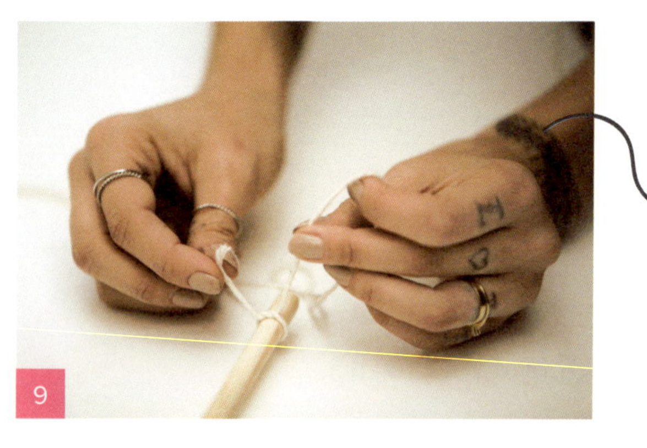

Com um barbante, dê um nó na ponta da vareta.

Repita o mesmo processo na outra ponta da vareta, ligando uma na outra.

Com o auxílio da pistola de cola quente, passe cola de ponta a ponta na parte de cima da sua bandeira.

13

Cole a vareta na parte de cima da bandeira.

14

Passe cola novamente de ponta a ponta no tecido, logo abaixo da vareta.

15

Cole a vareta como se fosse enrolá-la no pano.

Sua Bandeirinha está pronta pra encher seu cantinho de Fé!

Elefa

te Vaso

Quantos brinquedos vão para o lixo depois que crescemos! Nada mais justo do que fazer eles amadurecerem junto com a gente. Se você não tem um animal de plástico para fazer seu vaso, tenho uma ótima notícia! Eles custam baratinho (risos).

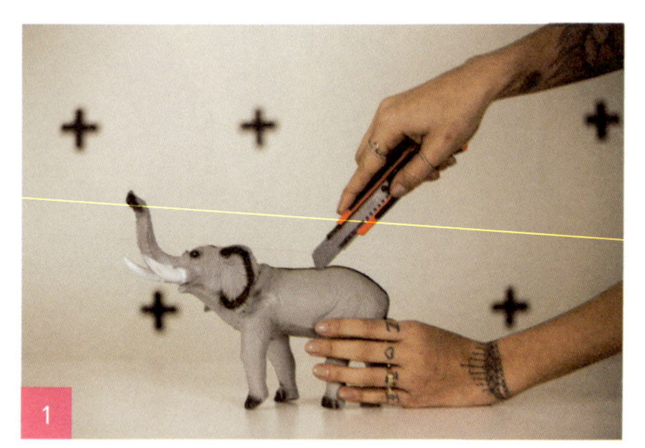

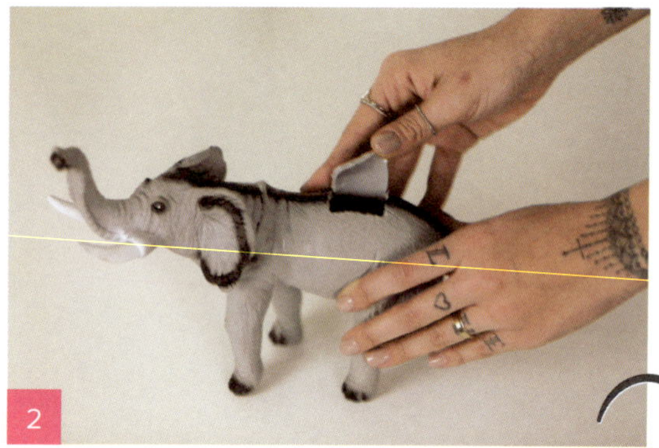

Com o auxílio de um estilete, corte um quadrado nas costas do seu elefante de plástico. Faça de um tamanho correspondente ao tamanho do brinquedo que você está usando.

O interessante é que seja de um tamanho que a planta artificial entre sem dificuldade.

Com uma tinta spray, da cor que você achar que combine mais com a sua decoração, pinte seu elefante. Não esqueça de colocar um plástico ou papel para proteger a mesa que você vai pintar.

Deixe secar por 24 horas.

Depois é só colocar a sua plantinha dentro, e o Elefante Vaso tá prontinho!

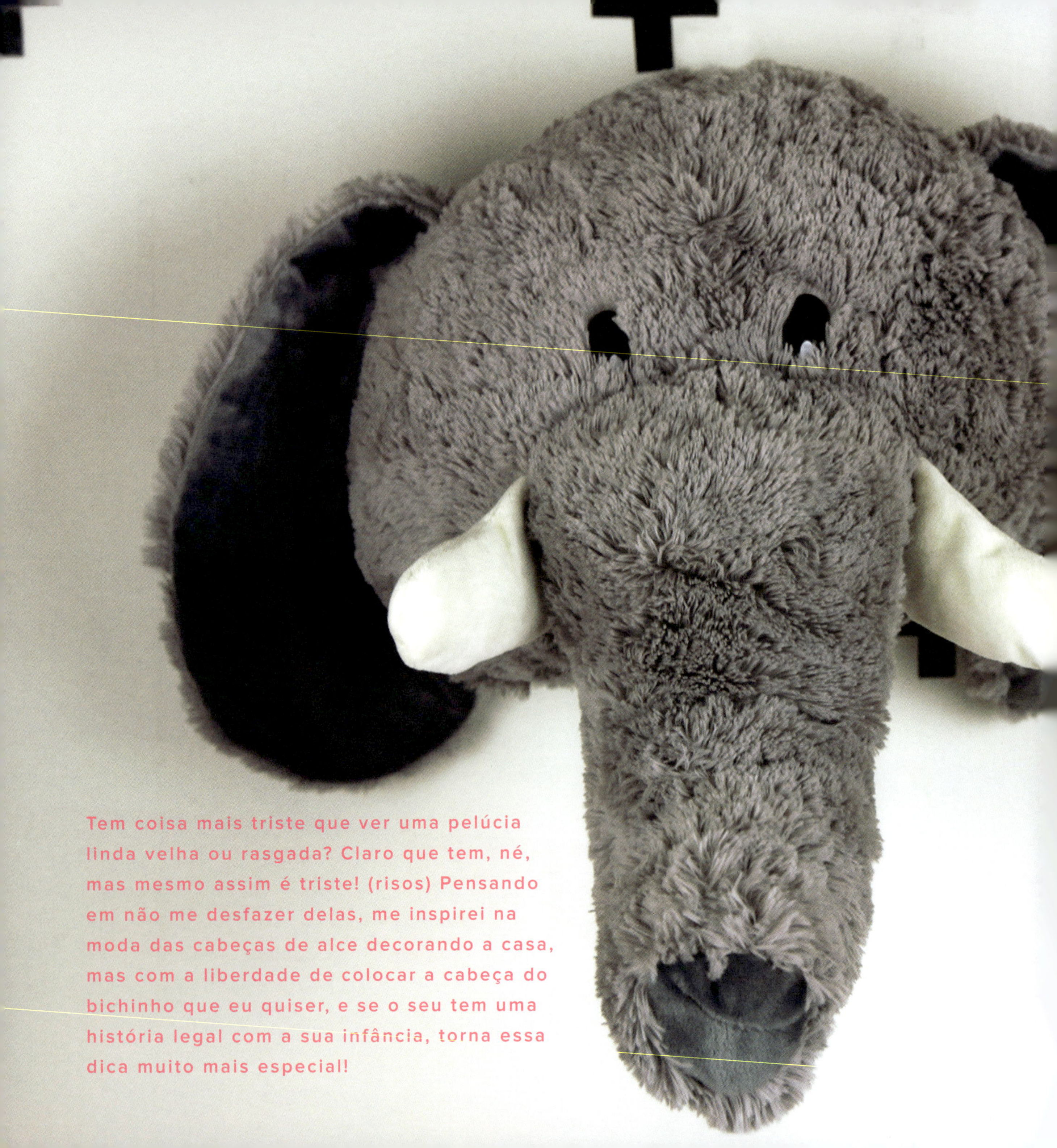

Tem coisa mais triste que ver uma pelúcia linda velha ou rasgada? Claro que tem, né, mas mesmo assim é triste! (risos) Pensando em não me desfazer delas, me inspirei na moda das cabeças de alce decorando a casa, mas com a liberdade de colocar a cabeça do bichinho que eu quiser, e se o seu tem uma história legal com a sua infância, torna essa dica muito mais especial!

Esta pelúcia perdeu a cabeça!

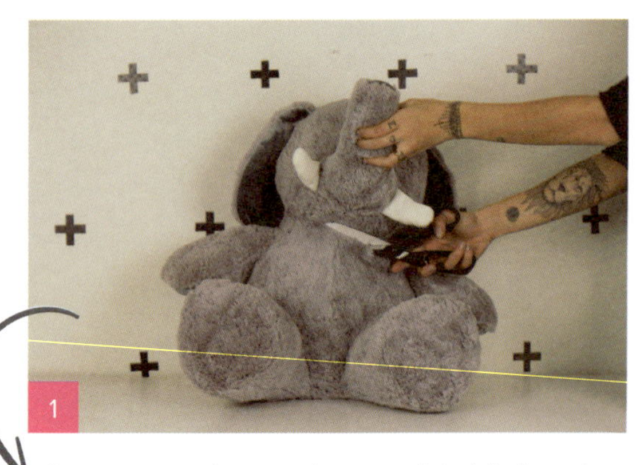

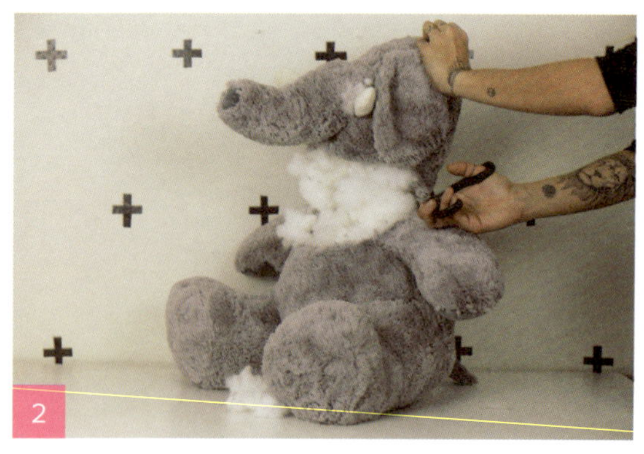

Corte a cabeça do seu bichinho de pelúcia com o auxílio de uma tesoura.

Empurre o excesso de espuma pra dentro da cabeça, e junte o tecido para costurar.

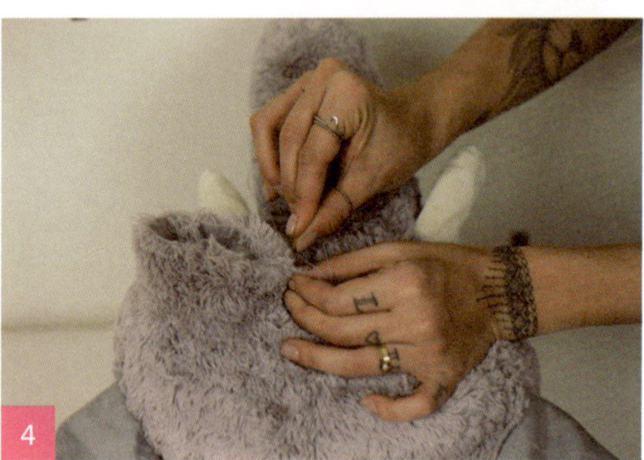

Costure de ponta a ponta, usando linha e agulha.

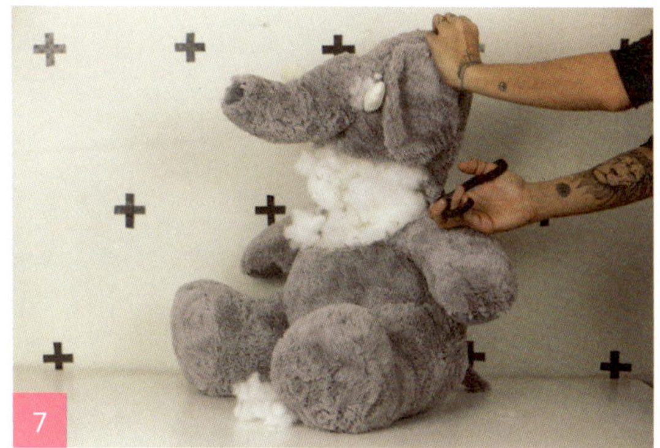

Na parte de trás da cabeça da sua pelúcia, em cima, use um clipe grande para furar e rode até que ele se transforme no suporte para pendurar a cabeça na parede.

Para saber se o clipe está no lugar certo, teste pendurando a cabeça na parede para ver se está tudo ok!

Lit

le dog

Almofadas são sempre almofadas, mas um cachorro almofada... Ah! Esse vai fazer sucesso com quem sentar no seu sofá!

Dobre ao meio um tecido de feltro no tamanho de 30cm (A) x 60cm (L) (lembrando que você pode fazer a sua almofada do tamanho que quiser).

Eu coloquei para você os moldes do seu little dog no verso da capa deste livro para copiar. Se quiser um molde maior, eu também deixei disponível no meu site www.dicadaka.com

Recorte o desenho do corpo do seu little dog, com o tecido dobrado ao meio...

...formando dois moldes iguais.

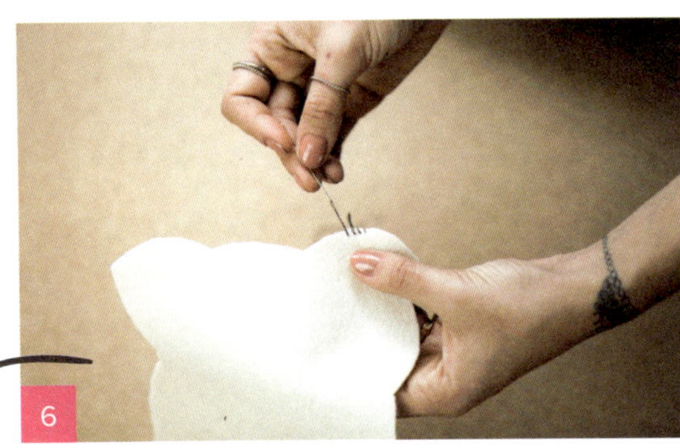

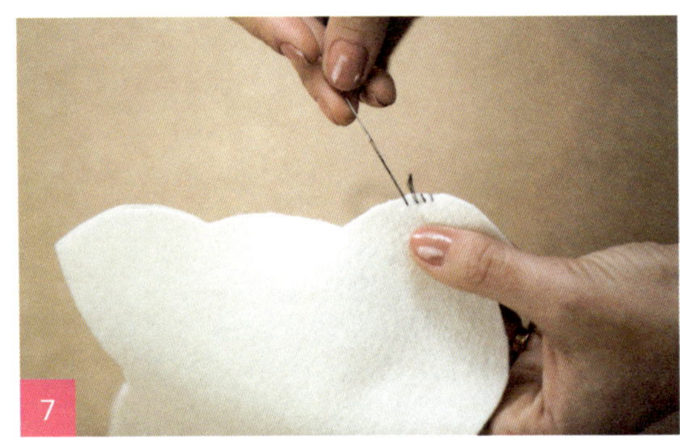

Coloque um em cima do outro e costure, usando linha preta, deixando uma costura aparente.

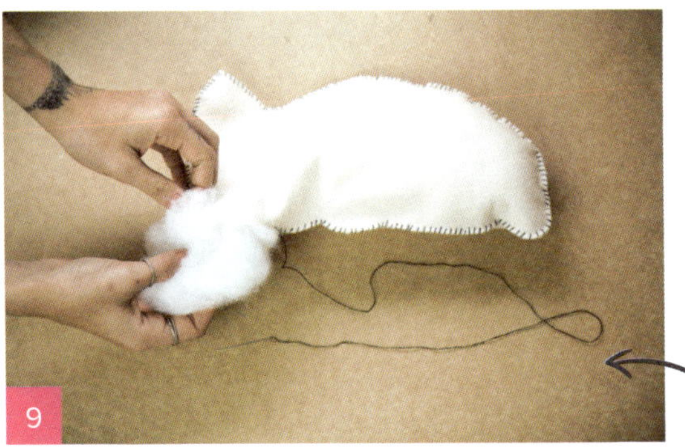

Deixe um espaço pequeno sem costurar, e use para colocar a espuma de enchimento dentro da almofada.

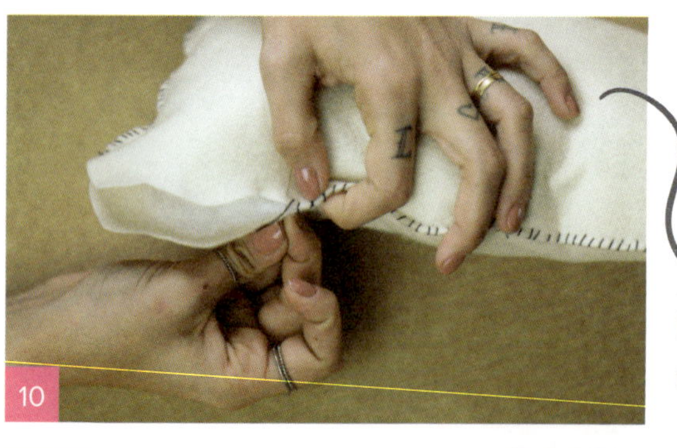
10

Depois de encher bem, finalize a costura.

11

12

Cole os moldes do rosto do seu little dog nos lugares correspondentes à foto, usando uma pistola de cola quente.

13

14

Com uma caneta de tecido preta, faça os traços para finalizar os detalhes do seu dog.

Aplique suavemente com o dedo tinta rosa de tecido, deixando as orelhinhas rosadas.

Triangula

ndo enfeites

Pinte seis palitos de churrasco com tinta spray.

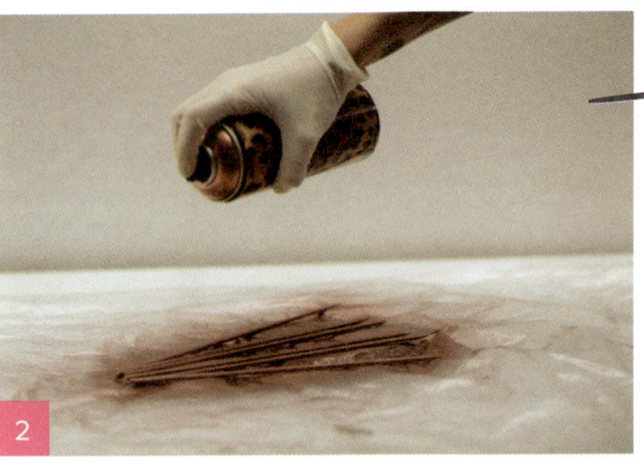

Depois de um lado seco, vire e pinte o outro lado deles.

Com pistola de cola quente, cole um palito no outro formando um triângulo.

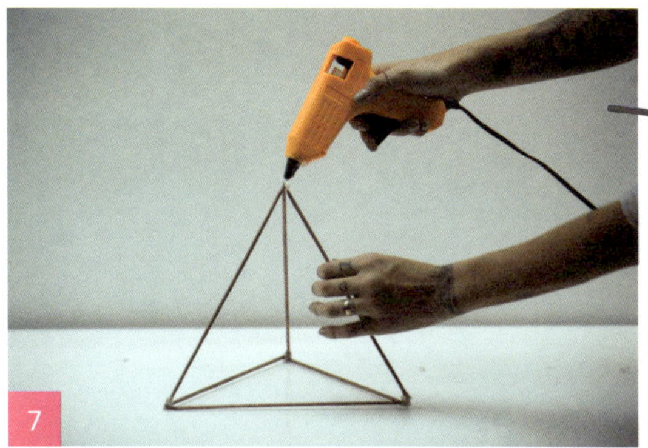

Depois de seco, cole mais três palitos em pé em cada ponta, formando uma pirâmide.

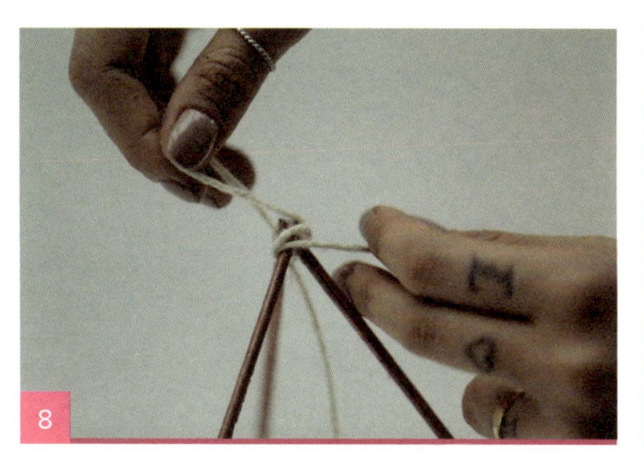

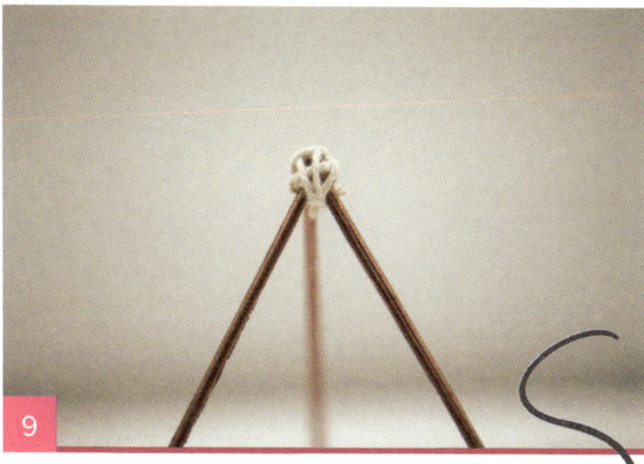

Enrole um barbante fino em cada ponta, para esconder a cola quente seca. Assim ele vai ficar com uma cara mais rústica.

Dormi

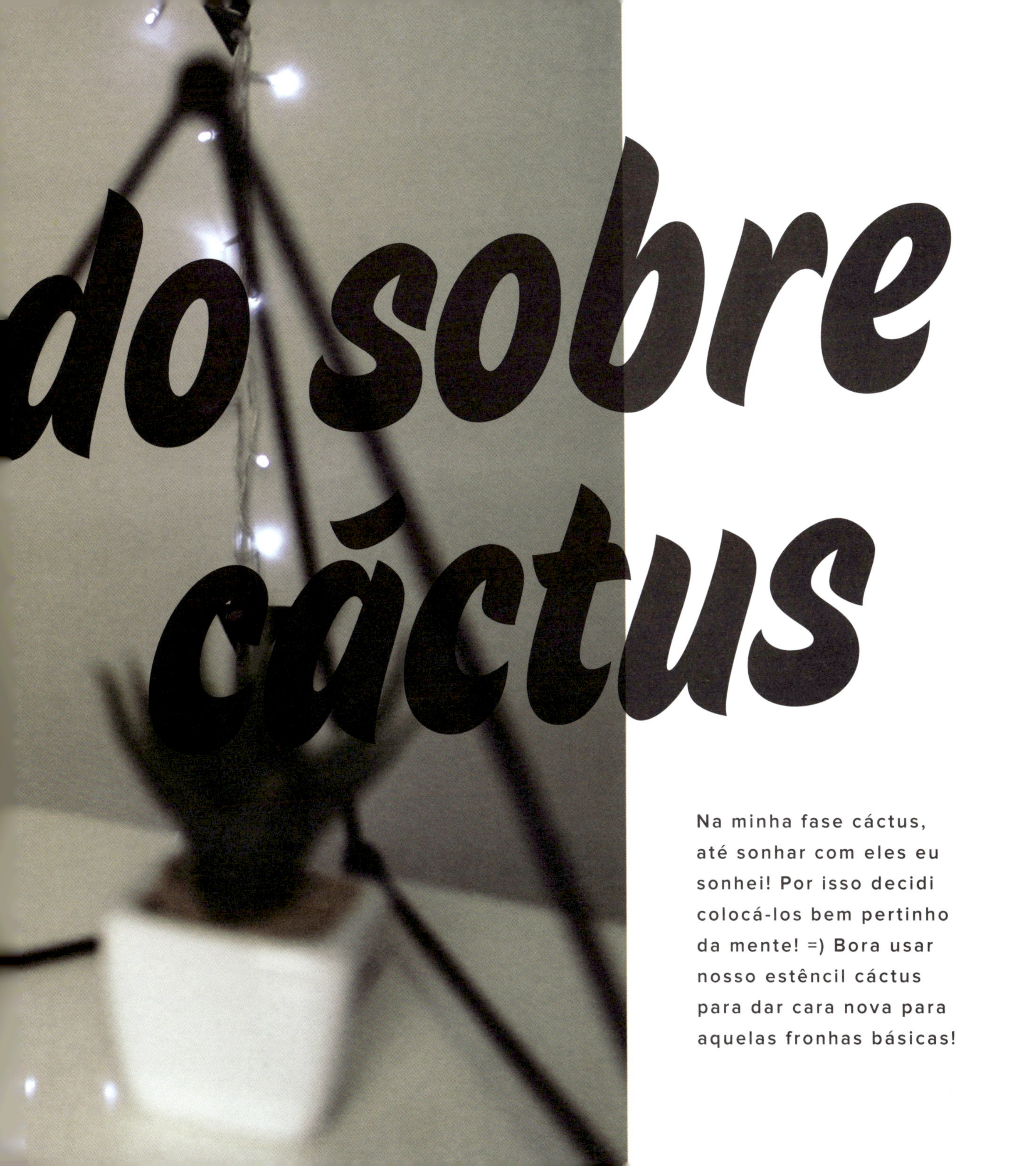

do sobre cáctus

Na minha fase cáctus, até sonhar com eles eu sonhei! Por isso decidi colocá-los bem pertinho da mente! =) Bora usar nosso estêncil cáctus para dar cara nova para aquelas fronhas básicas!

Coloque uma cartolina ou plástico dentro da sua fronha, para a tinta não vazar para o outro lado.

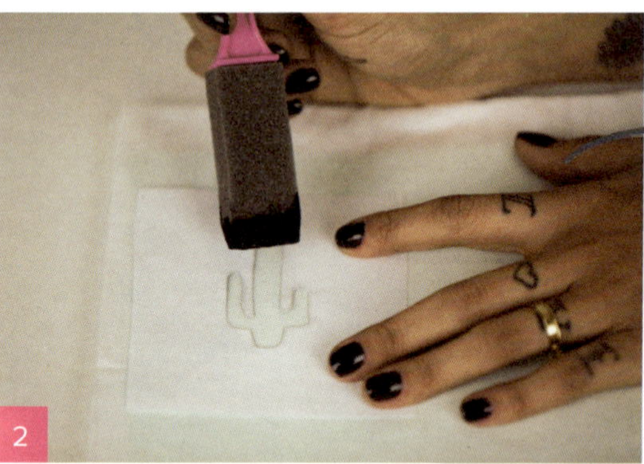

Use o estêncil cáctus como molde para fazer a estampa do seu travesseiro.

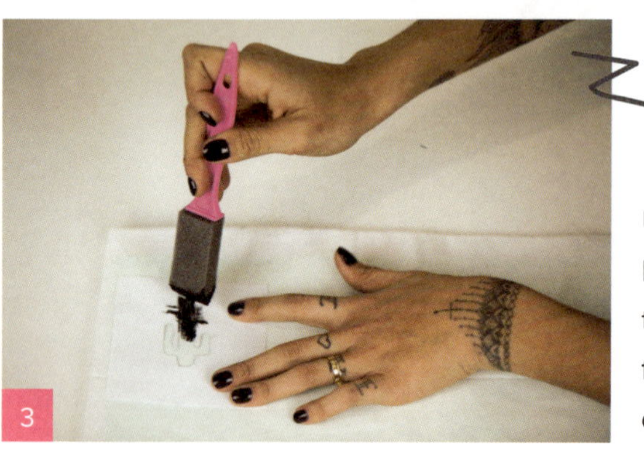

Usando o pincel mousse, aplique levemente a tinta de tecido por todo o estêncil. Você pode colar fita crepe nas laterais para o seu estêncil não escorregar.

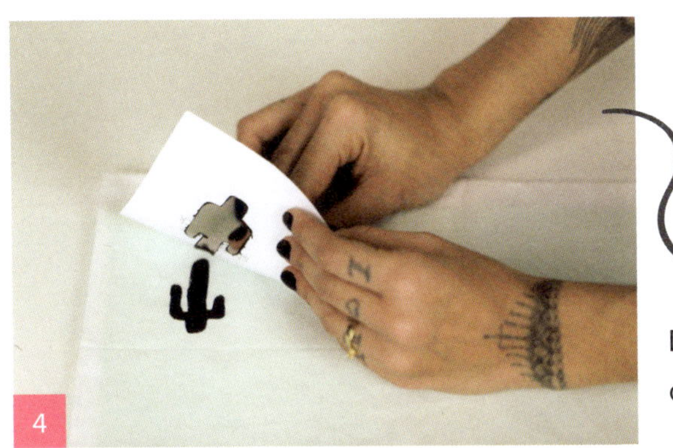

Deixe secar e retire com cuidado o estêncil.

Repita o processo de maneira livre por toda a fronha.

Em uma cartolina, recorte um triângulo pequeno e aplique entre os cáctus para dar um charme.

Prontinho! Sonhe com cáctus!

Manta

pompom

Se manta é pra dar um charme na cama ou no sofá, elas merecem ser extremamente charmosas! Bora colocar a mão na massa, ou melhor, na manta!

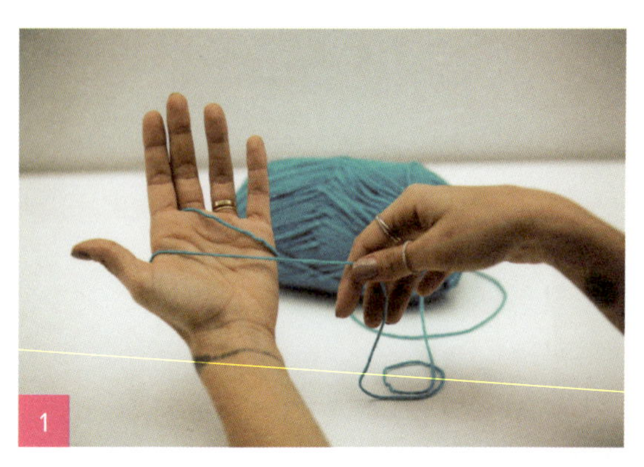

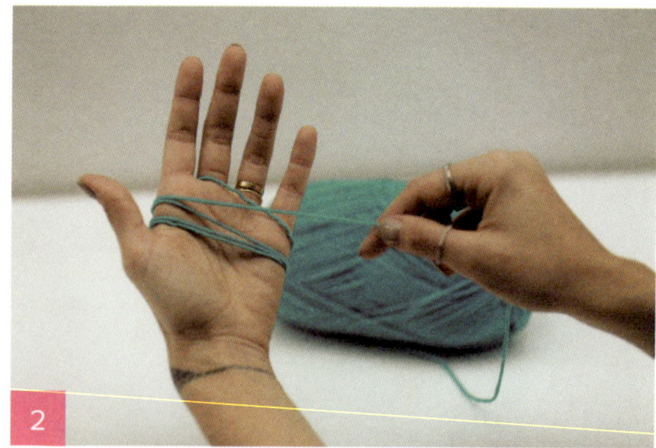

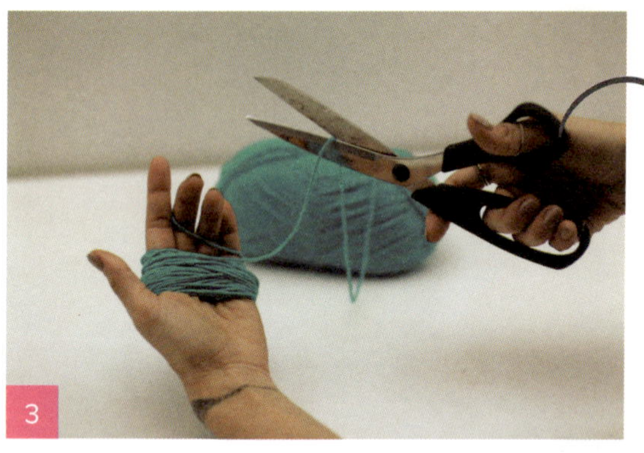

Para fazer seus pompons, passe a ponta da lã entre o dedo indicador e enrole na mão 100 vezes (isso, você ouviu bem, 100 vezes! Risos).

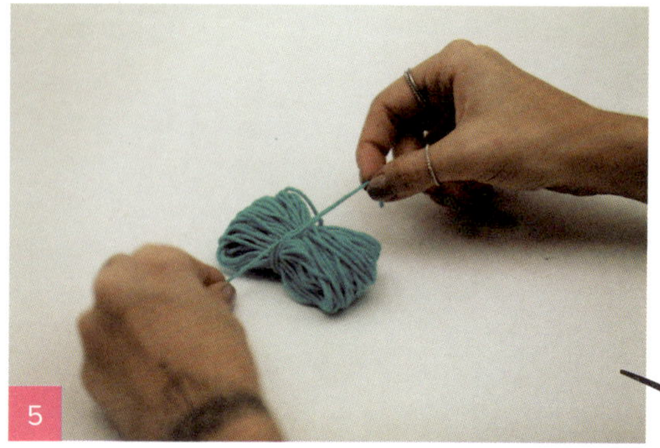

Depois retire com cuidado e, usando a ponta da lã, dê um nó no meio.

6

Corte as duas pontas do pompom.

7

Bagunce as pontas para virar um pompom e comece a cortar tirando o excesso, até formar um pompom redondinho.

8

Você pode misturar dois tons como eu fiz aqui. Faça o número de pompons correspondente ao tamanho da sua manta.

9

10

11

Corte um pedaço do fio de lã, e o amarre dando um nó no centro do pompom. Faça isso com todos os pompons.

12

13

Use a cordinha para amarrar ou costurar na barra das duas laterais da sua manta.

14

15

Dê o espaçamento de um palmo de um pompom para o outro.

16

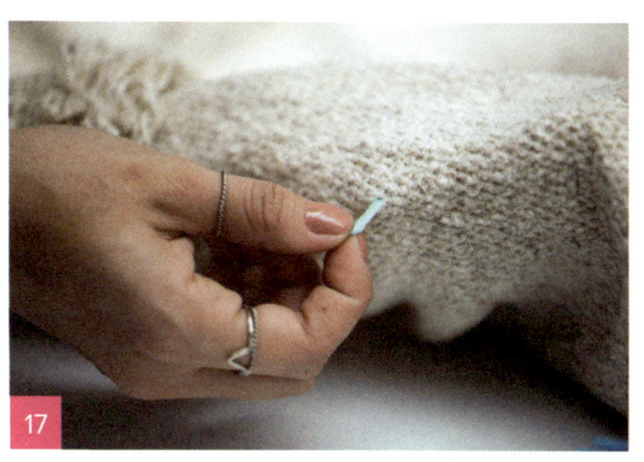

17

Com o auxílio de uma agulha de crochê, passe um fio de um lado para o outro.

18

Dê um espaçamento de três dedos, inclinado, para formar um lado do X que vamos fazer.

19

20

Passe pro outro lado novamente e dê um nó, corte o excesso bem rente ao nó.

Repita novamente com uma outra cor de lã, cruzando e formando um X.

Faça quantos X's quiser por toda sua manta. Use e abuse da sua criatividade!

Cesto

PIANGERS
O PAPAI É POP
Nós Vamos Invadir Sua Praia
TRUQUES DE COZINHA QUE NINGUÉM TE CONTA

de corda

Sabe aquele monte de tranqueira que nunca tem um lugar específico pra guardar? Bora fazer um cesto lindo pra cada uma delas!

Em uma tigela de vidro, cole com cola quente a ponta do seu barbante grosso ou corda no centro da parte de baixo, enrole e cole até o final da tigela em formato de caracol.

Vire a tigela para cima e faça duas alças nas laterais dando um espaçamento para colar.

Depois de 24 horas, com o auxílio de um palito de churrasco ou uma faca, descole o cesto da tigela.

E agora? A tranqueira toda virou peça de decoração nesse cesto!

ME PEG

Parede Flamingo

Eu adoro mudar coisas de lugar e inventar. Lembra dos cáctus? Pois é, de repente só queria saber de flamingos. Que tal fazer uma parede inteira com eles de uma vez?

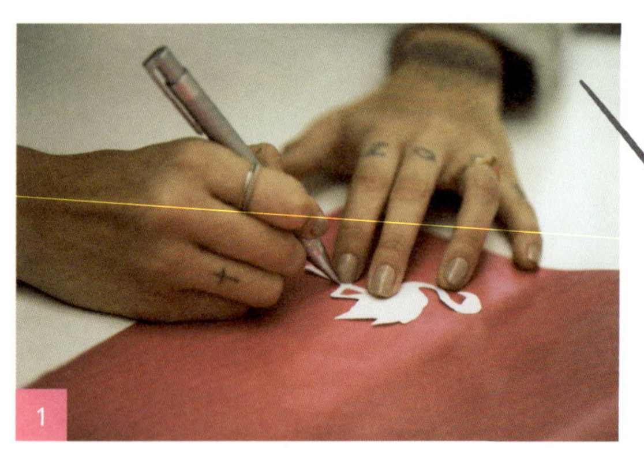

Usando o seu estêncil flamingo, contorne moldes com uma caneta em um papel contact pink.

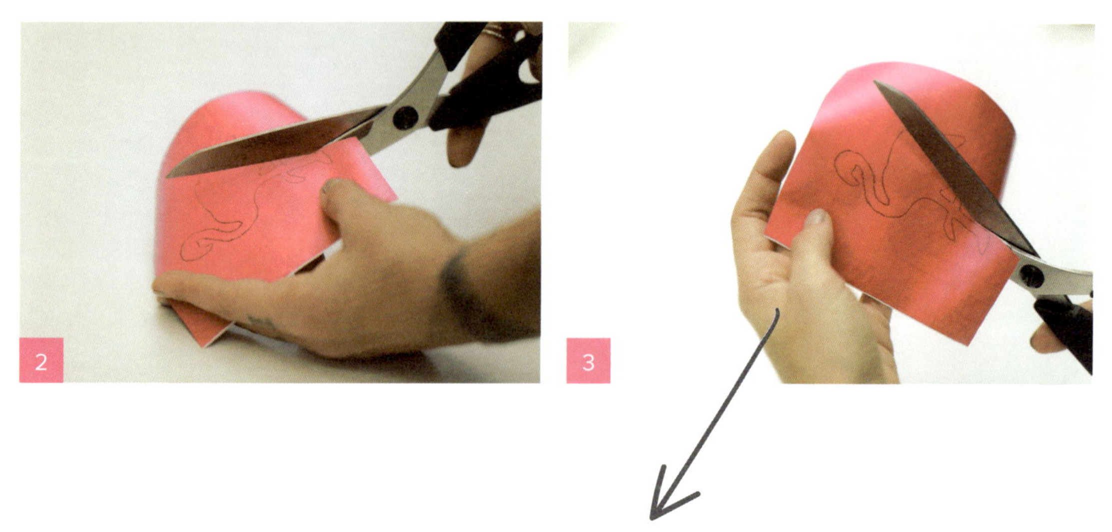

Recorte o suficiente para preencher o tamanho da parede que deseja enfeitar.

Cole livremente no seu cantinho especial. Agora você tem uma criação de flamingos dentro de casa!

Varal de

Que tal criar nichos de varais de fotos com aquelas caixas que provavelmente vão parar no lixo?

momentos

Contorne o tamanho das laterais e fundo da sua caixa em um papel contact da cor que preferir, depois recorte os moldes.

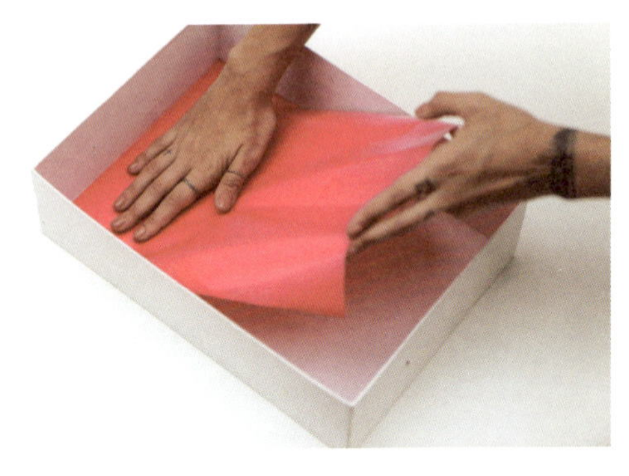

Descole e cole, cobrindo a parte interna da sua caixa, tanto o fundo da caixa quanto as laterais.

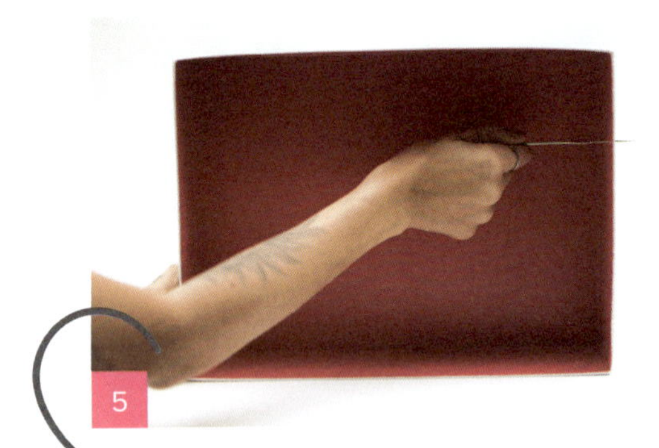

Com o auxílio de uma agulha de crochê, faça um furo na parte superior da caixa, dos dois lados na mesma altura.

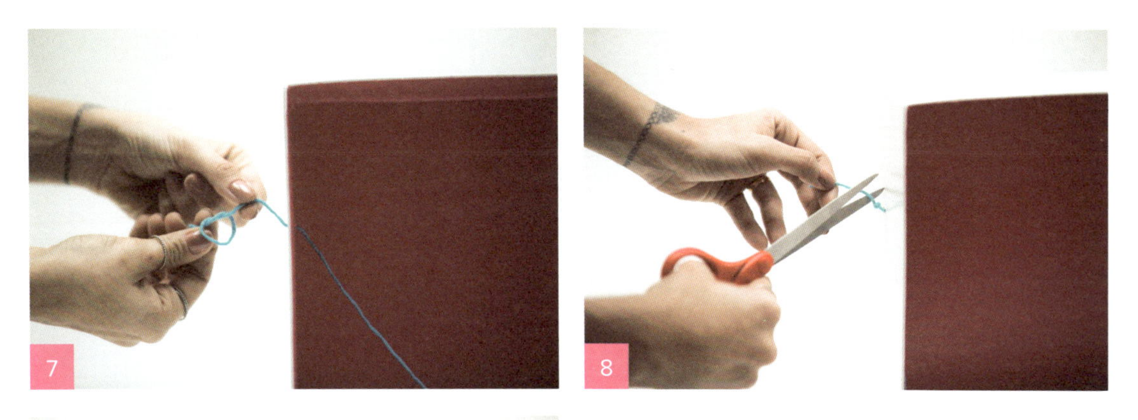

Passe um fio de lã da cor que preferir e dê um nó no lado de fora da caixa para prender. Repita o processo do outro lado, criando um varal.

Pendure suas fotos com pregadores pequenos por todo o varal.

Melhor do que viver grandes momentos é nunca mais se esquecer deles!

Chove chuva

Faça chover sobre
sua planta favorita
quando quiser!

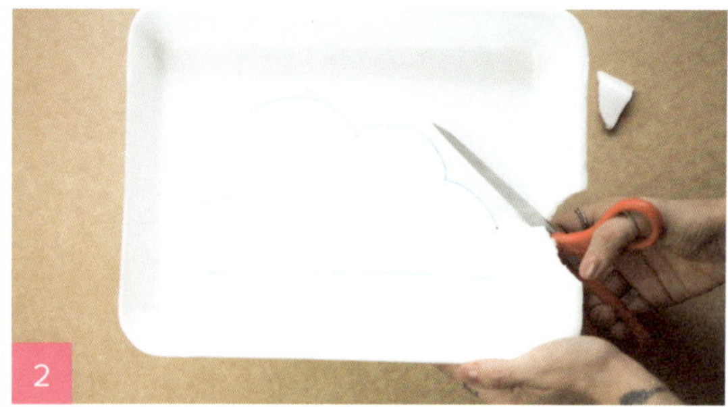

Em uma bandeja de isopor desenhe uma nuvem. Com o auxílio de uma tesoura ou estilete, recorte-a.
Eu coloquei um molde também pra você de nuvem no verso da capa do livro, se preferir usar a minha.

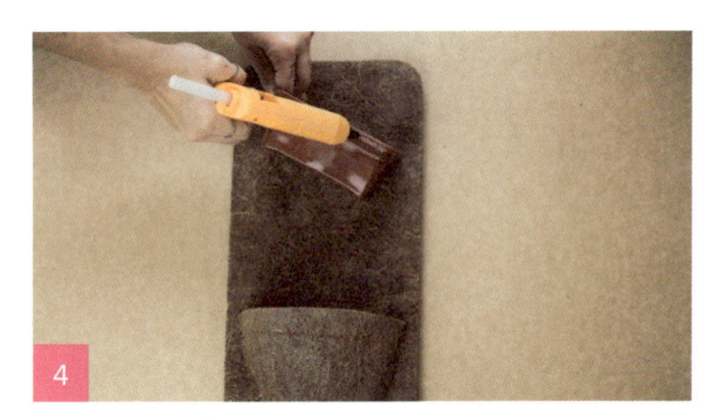

Em um vaso pequeno de plástico, retangular, e que tenha furos embaixo, passe cola quente na parte de cima e de baixo, de ponta a ponta.

Cole o vaso de plástico na parte de cima de um vaso de parede de fibra de coco. Pressione bem para ficar bem firme.

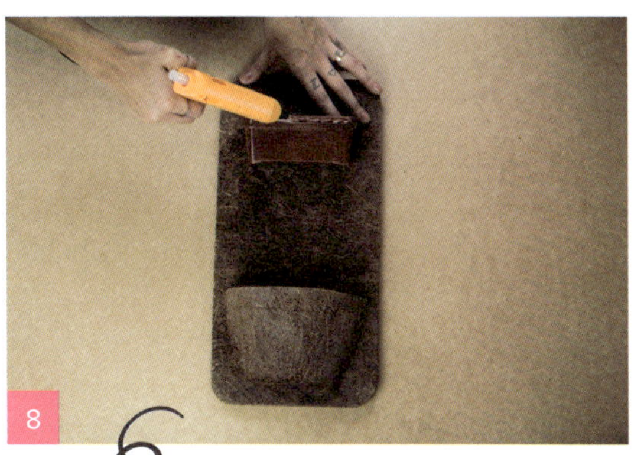

Passe cola na parte de cima do vaso de plástico e cole a nuvem de isopor em cima.

Pronto! Sua plantinha ganhou uma nuvem só pra ela!

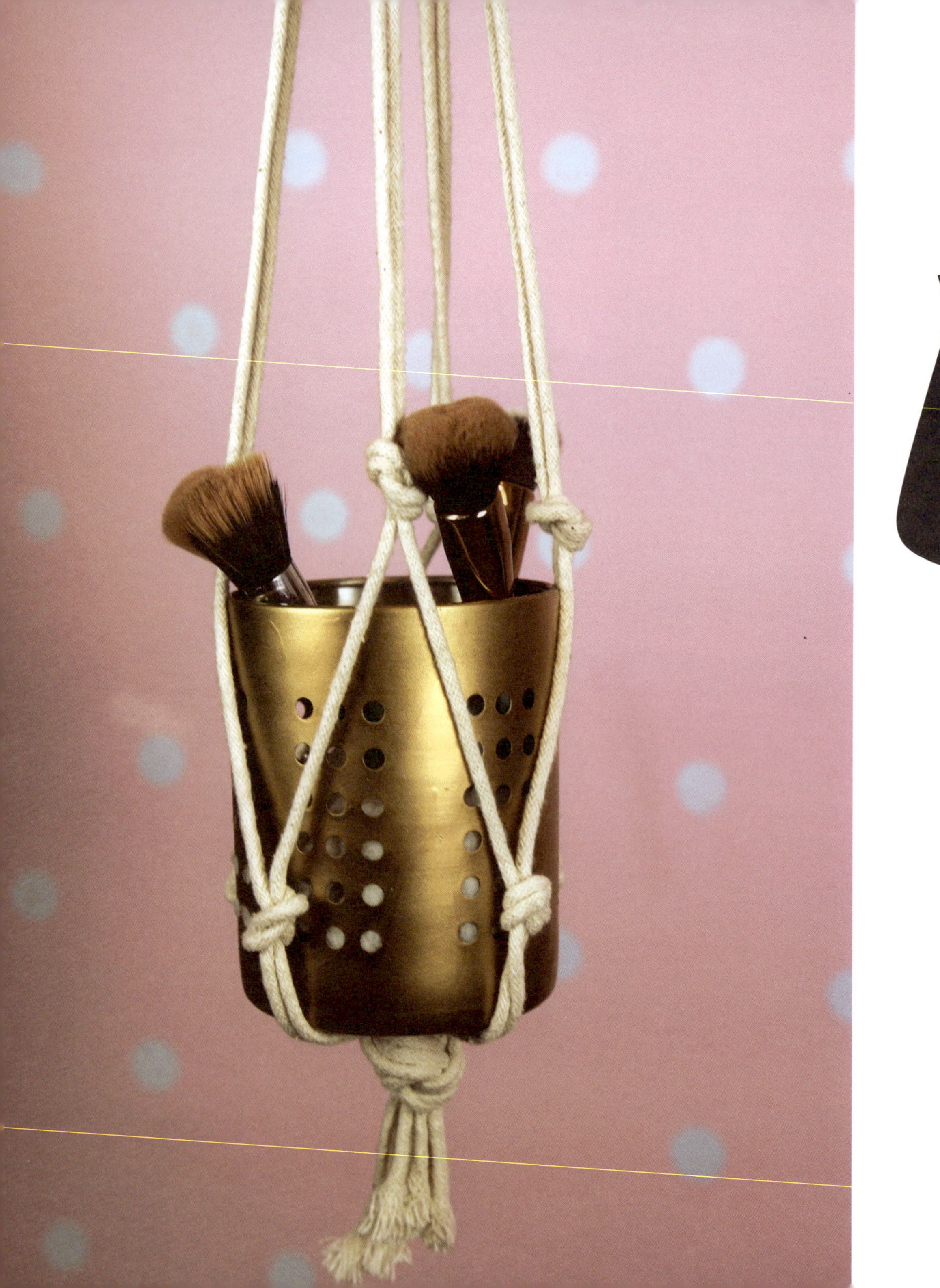

rta-tudo acramê

Já que um porta-treco tem que guardar um monte de tranqueira, ele merece ser lindo sempre!

Corte oito tiras de dois metros de corda ou barbante, grosso.

Junte as pontas e dê um nó.

Separe de duas em duas tiras.

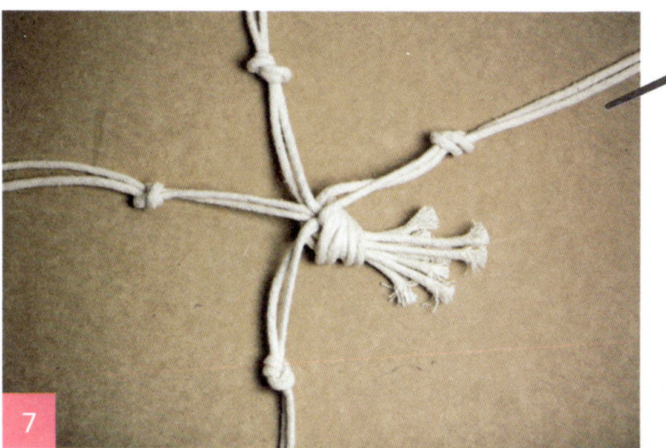

Dê um espaçamento de quatro dedos do nó central, e dê um nó. Repita o processo formando quatro nós.

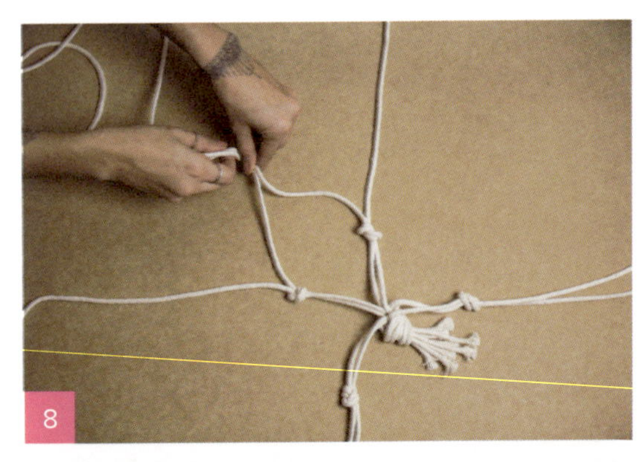

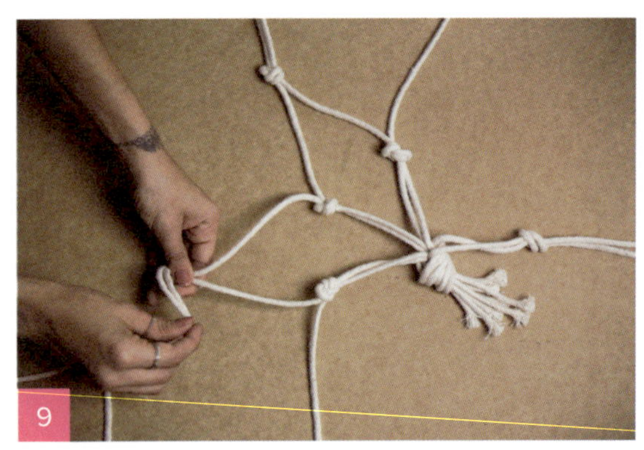

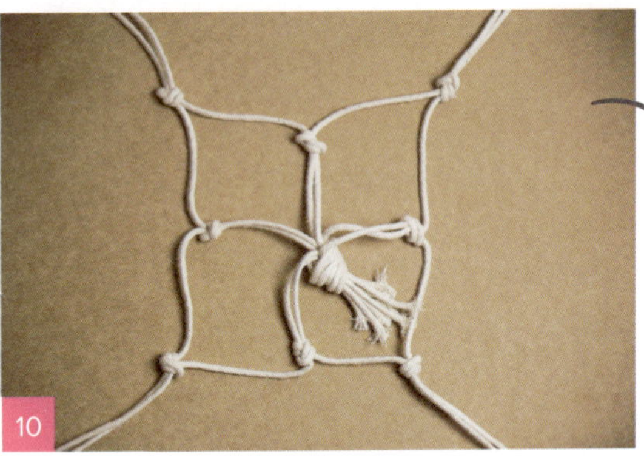

Repita o processo, agora juntando uma tira de cada nó e formando uma nova linha de quatro nós.

Coloque o pote em cima do nó principal e levante as alças do seu porta-treco.

12

13

Se o seu pote não for da cor que você quer pra sua decoração, você pode pintá-lo com tinta spray.

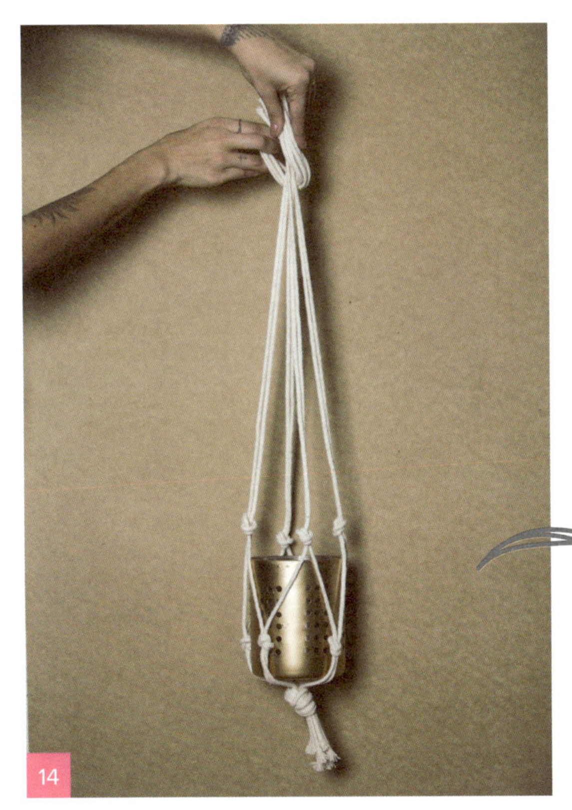
14

Dê um nó nas tiras. E pendure seu porta-treco onde quiser!

Aquela cadeira de madeira velha que nem a nossa vó quer mais, adivinha? Nós queremos!

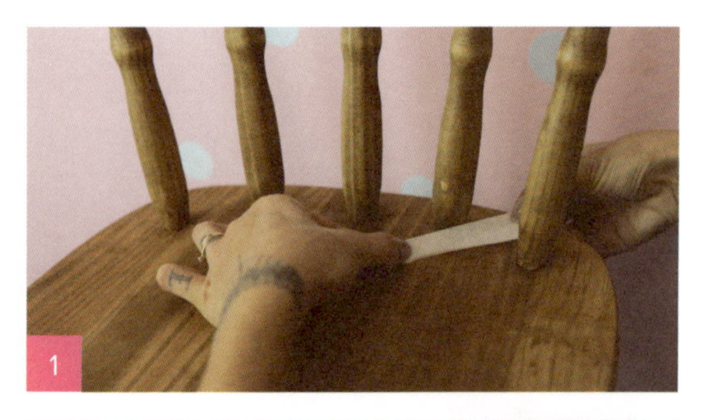

Proteja as partes que não deseja pintar na sua cadeira com fita crepe e plástico ou jornal.

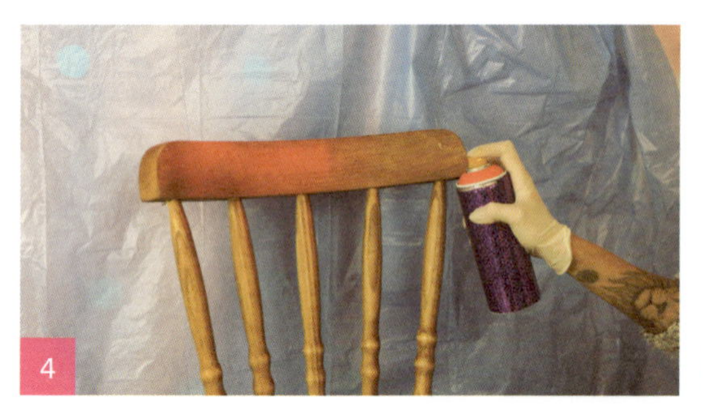

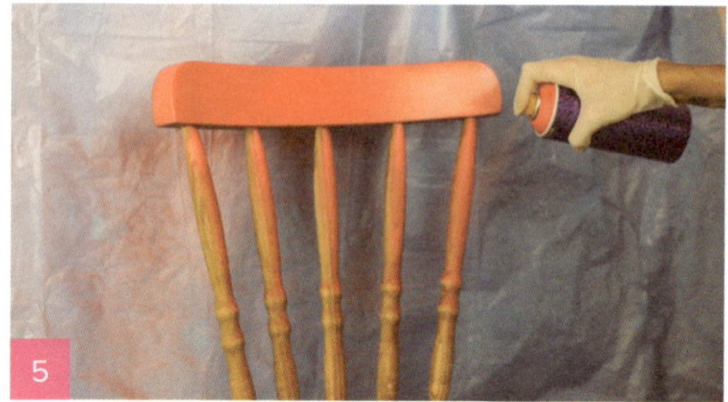

Pinte com tinta spray da cor de sua preferência, e deixe secar por três horas.

No encosto da cadeira, cole fita crepe formando triângulos.

Aplique tinta spray dourada por toda a parte que formou os desenhos triangulares no encosto.

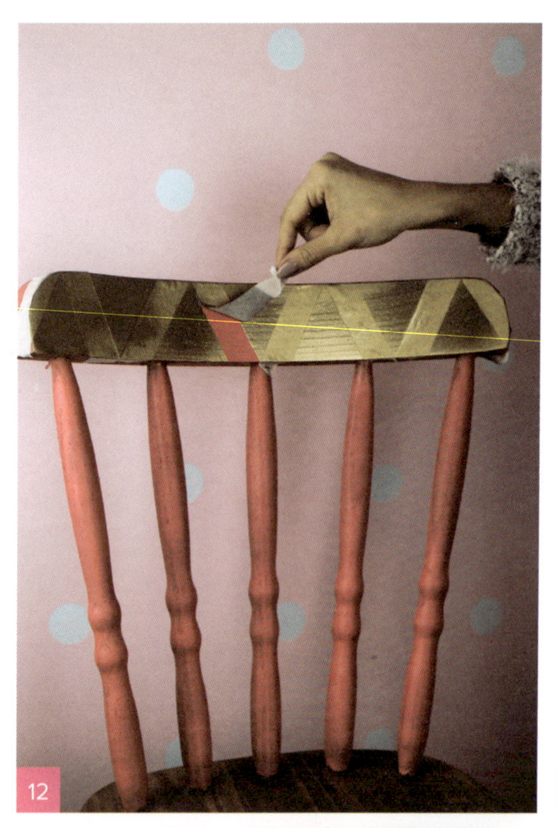

Deixe secar por seis horas e retire as fitas cuidadosamente.

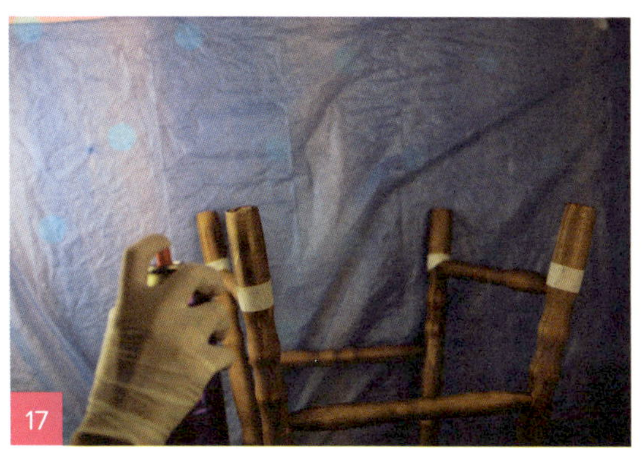

Na ponta dos pés da cadeira, cole fita crepe e pinte com tinta spray dourada. Deixe secar por mais três horas.

E rapidinho alguém vai se arrepender de ter dado pra você aquela cadeira velha!

Cabecei

a Grega

Cabeceira bonita se encontra em lojas de móveis e são bem caras, certo? NÃO! A nossa a gente encontra em uma loja de jardinagem. E o melhor, gastando bem pouquinho!

Com uma lixa de parede, lixe toda a cerca, depois passe um pano úmido para tirar todo o excesso do pó.

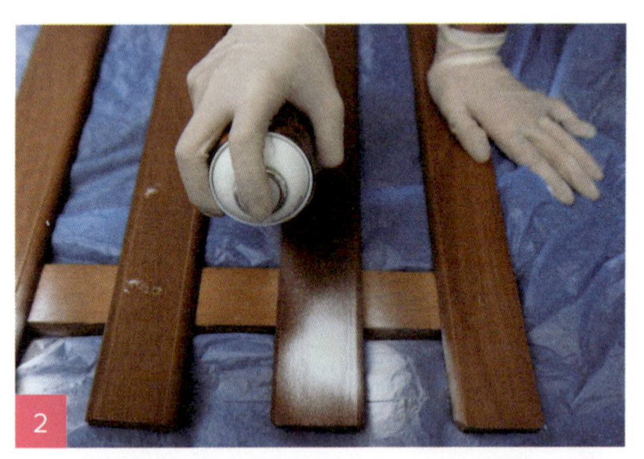

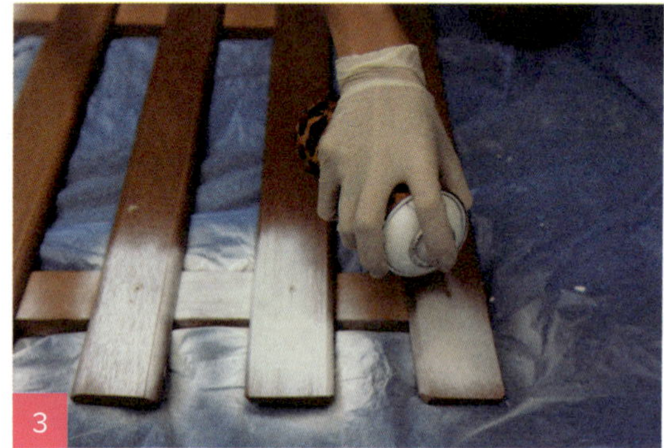

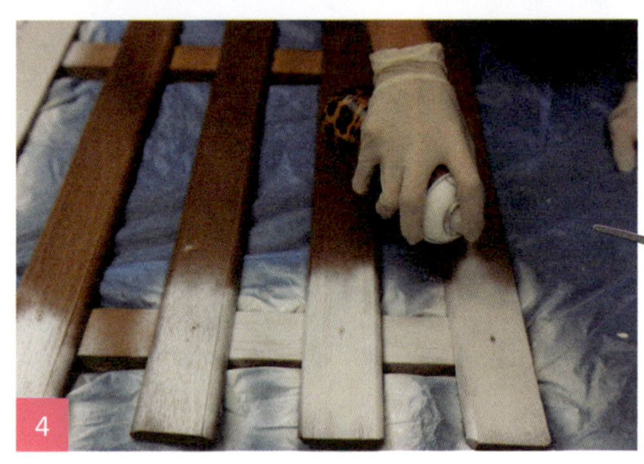

Com uma tinta spray da cor da sua preferência, pinte toda a cerca.

Deixe secar por cinco horas e lixe com cuidado, dando um efeito de patinado.

Tá aí, prontinha! E se perguntarem você pode dizer também que comprou numa loja bem descolada, que ninguém vai duvidar.

Quem não viaja
sem sair do lugar e
sonha acordado...
Você, não? Eu, sim,
e muito. Essa dica
saiu exatamente
nesse meu momento.
Olhei para o globo
e pensei: go, girl. E
comecei...

Em um papel contact desenhe uma frase que te inspire, depois, com o auxílio de uma tesoura, recorte a frase ou o desenho.

Destaque com cuidado o adesivo, e cole-o no globo.

Pinte todo o globo com tinta spray.

Deixe secar por cinco horas e destaque o adesivo com cuidado.

Go Girl!

G O D
I S
L O V E

Quadro teclado de computador

Nem tudo que não usamos mais precisa ir pro lixo, concorda? Muito menos aquele teclado que foi tão útil. Ele merece um lugar melhor!

1

Retire as teclas do alfabeto do seu teclado.

Forme frases, e escolha a que mais tem a sua cara.

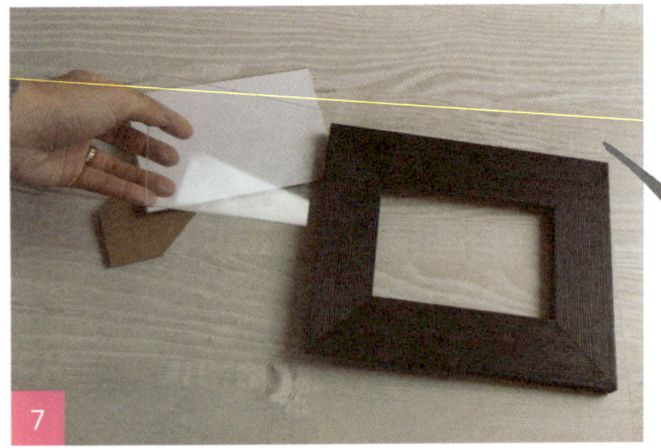

Retire o vidro do seu porta-retrato.

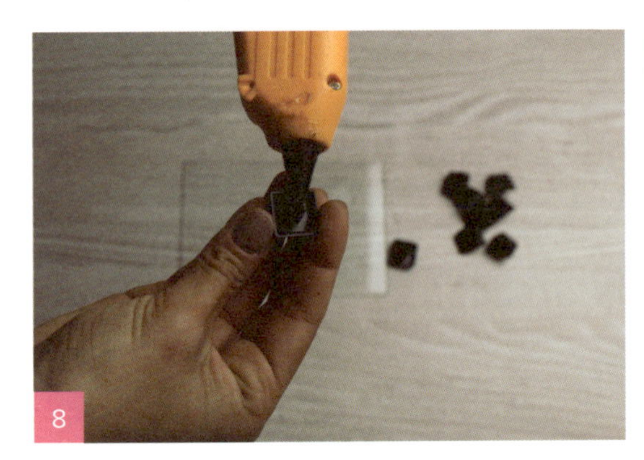

Passe cola quente na parte de trás da tecla.

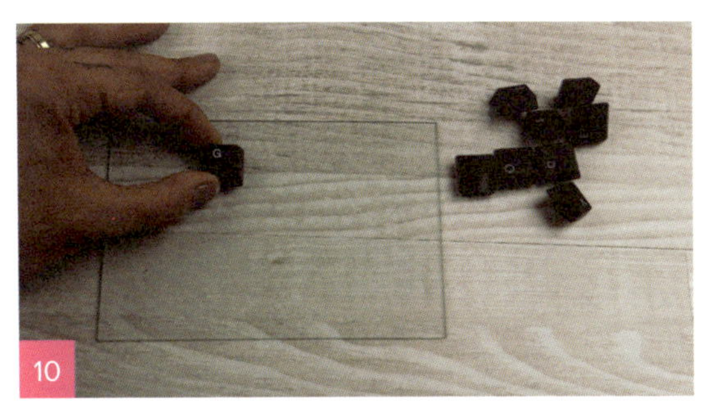

Cole as teclas seguindo letra por letra da frase que escolheu.

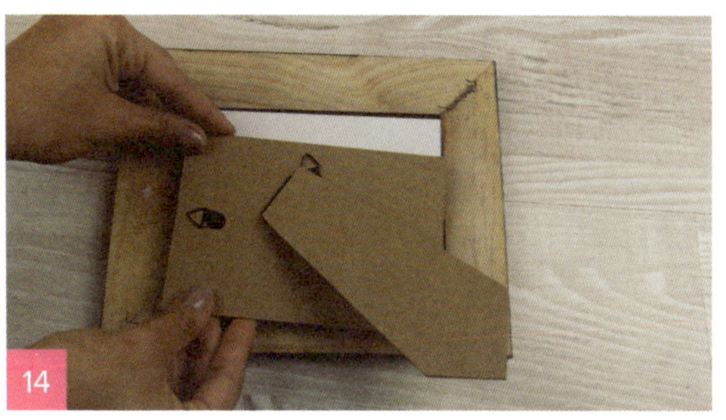

Monte o porta-retrato normalmente, e pronto!

MILK &
SUGAR
please

Caixa mala

Uma caixa de madeira é algo tão baratinho, e às vezes não imaginamos como decorá-la de uma maneira diferente. Nessa dica você vai poder transformá-la em uma mala retrô para encher de bugiganga e decorar seu cantinho! Bora?

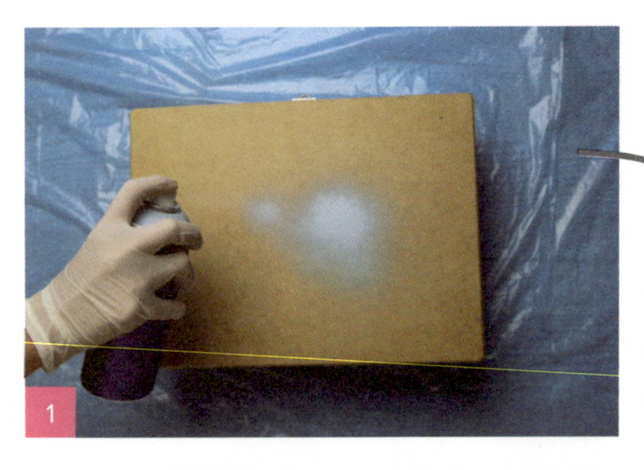

Pinte toda a caixa de madeira com tinta spray da cor de sua preferência.

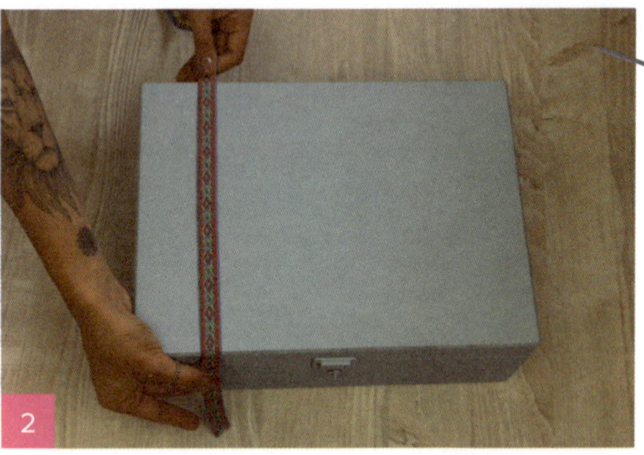

Depois de seca, meça o tamanho da largura da tampa da sua caixa com a fita que escolher para decorar. Eu escolhi uma de tecido, mas você pode escolher fita cetim, ou cortar um tecido no formato se preferir.

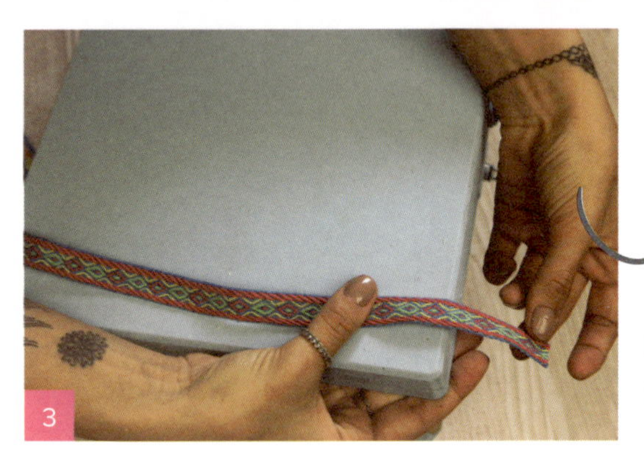

Deixe sobrar três dedos de tecido de cada ponta.

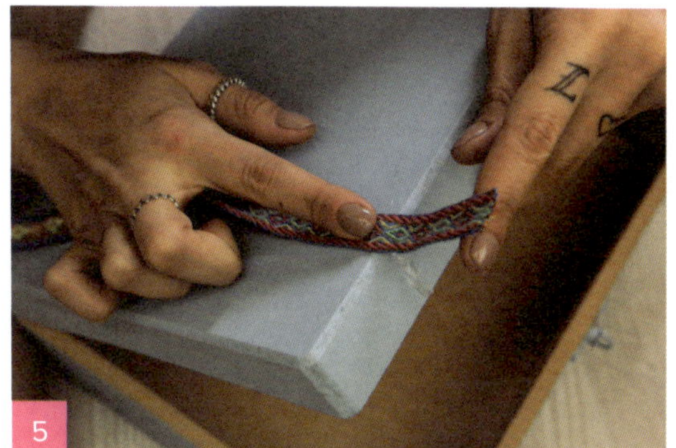

Passe cola quente na parte da frente da tampa, e cole o tecido dobrando a ponta, como na foto acima.

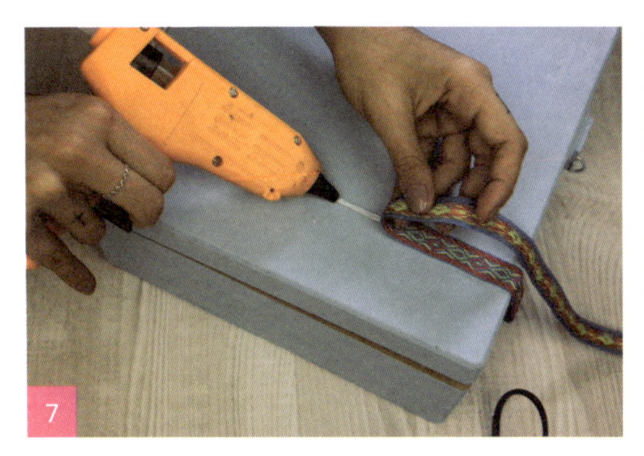

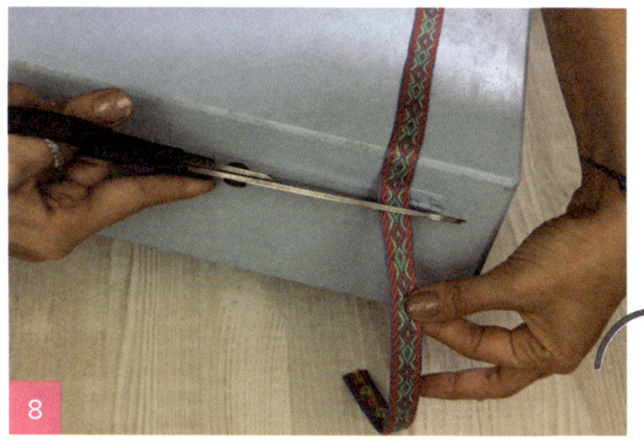

Siga uma linha reta colando a fita até a parte de trás da tampa da sua caixa. Quando chegar na dobra da caixa, corte a fita, retirando o excesso.

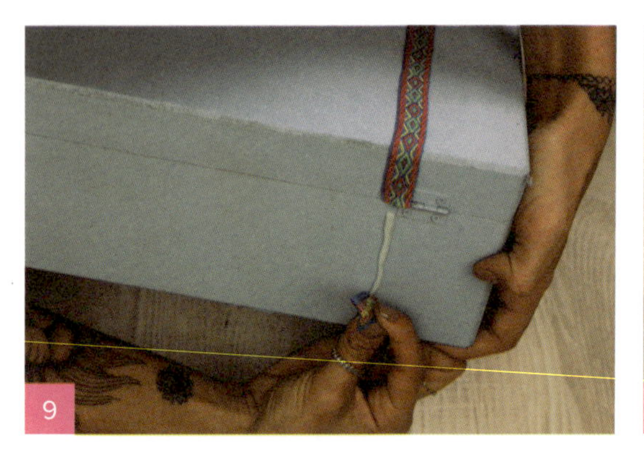

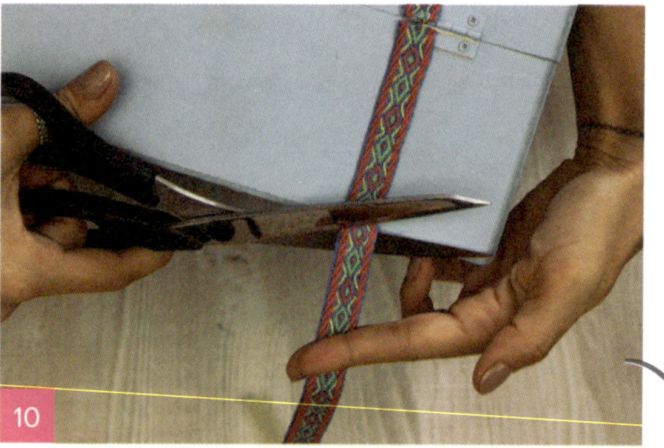

Na parte de trás meça o tamanho da parte de baixo, cole e recorte.

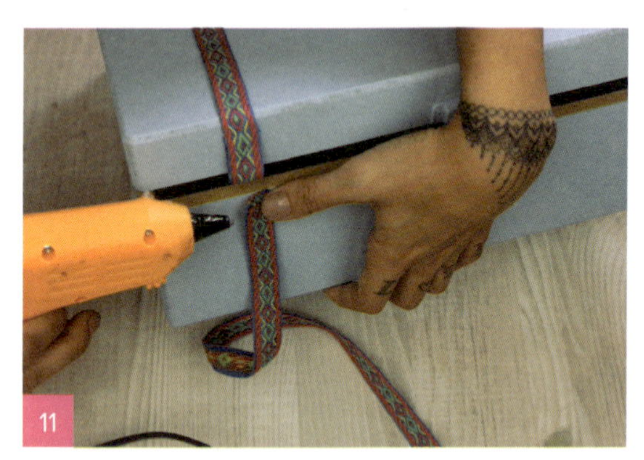

Repita o processo na parte da frente, cole e recorte o excesso.

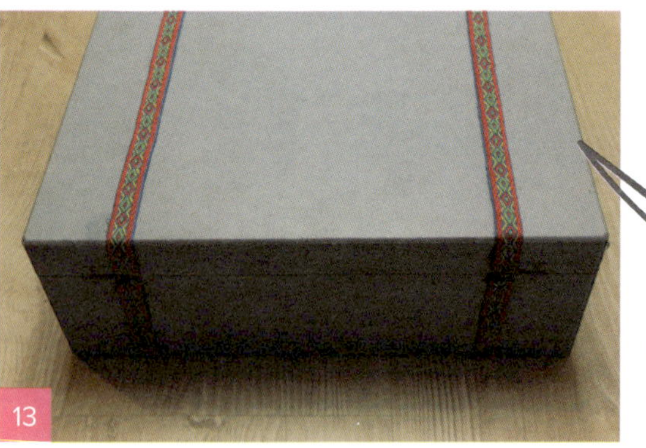

Depois faça a mesma coisa do outro lado da caixa.

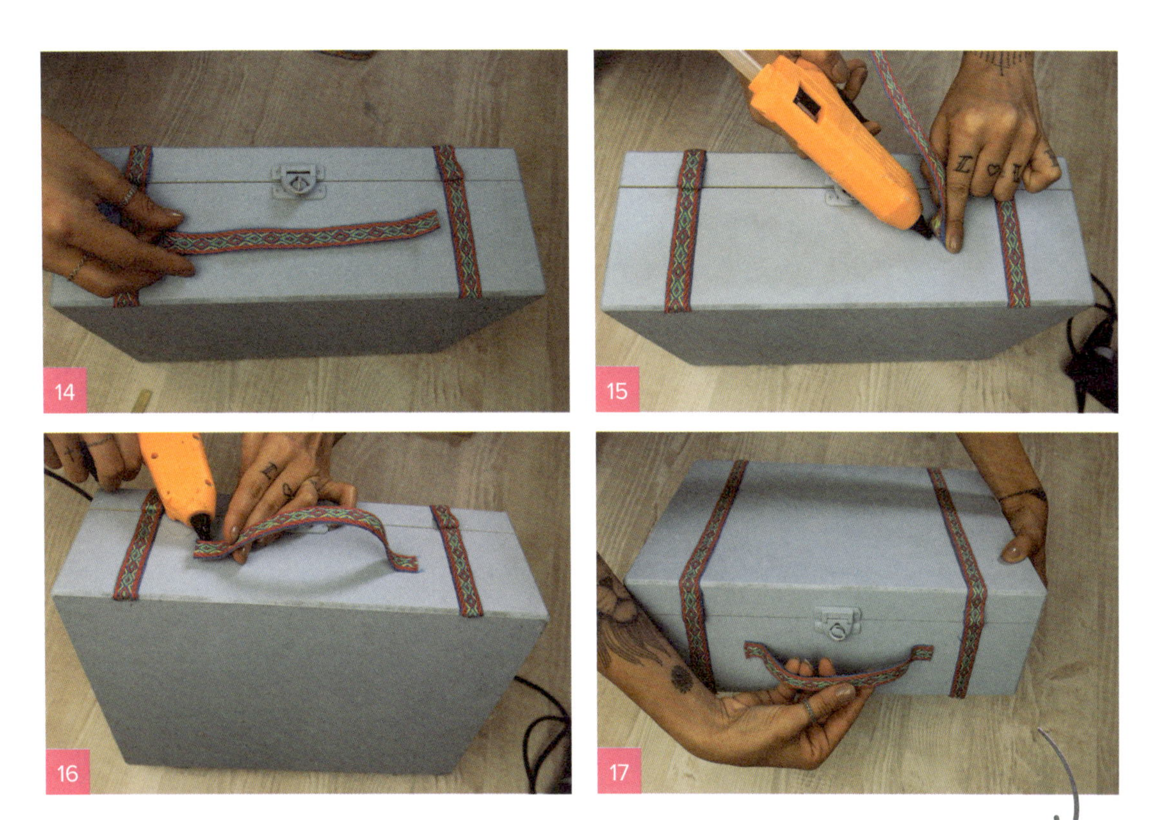

Agora, vamos fazer a alça da sua mala. Recorte um pedaço de tira equivalente ao tamanho de alça para sua caixa mala, cole a primeira ponta, depois cole a próxima, deixando um vão de tecido para dar o efeito da alça.

Prontinho! Cadê aquela caixa velha que estava aqui antes? Sumiu!

Criad

alegre

Já não bastasse um criado-mudo ter um nome estranho, ele ser sem graça não é justo! Separe o guardanapo estampado aí, e vamos fazer esse criado se transformar de mudo em feliz, para sempre!

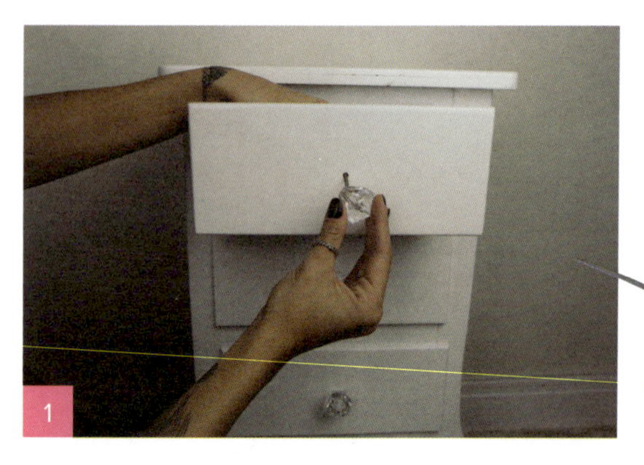

Retire os puxadores das gavetas.

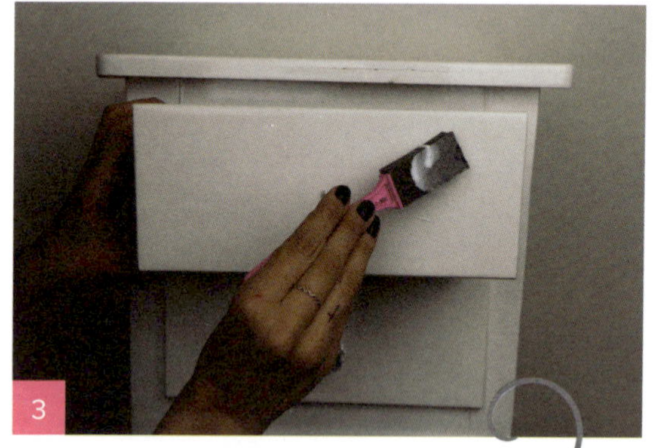

Com o auxílio de um pincel, aplique cola branca por toda parte da frente da sua gaveta.

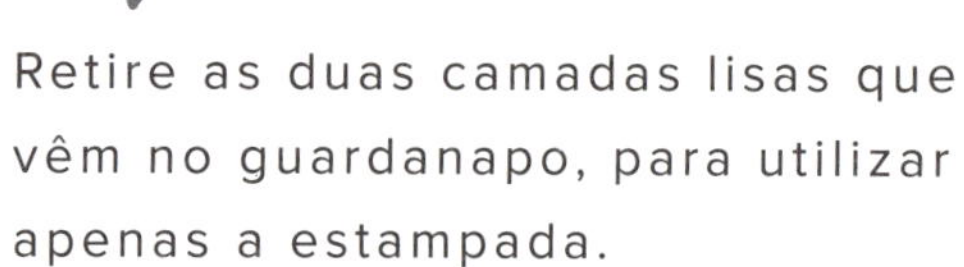

Retire as duas camadas lisas que vêm no guardanapo, para utilizar apenas a estampada.

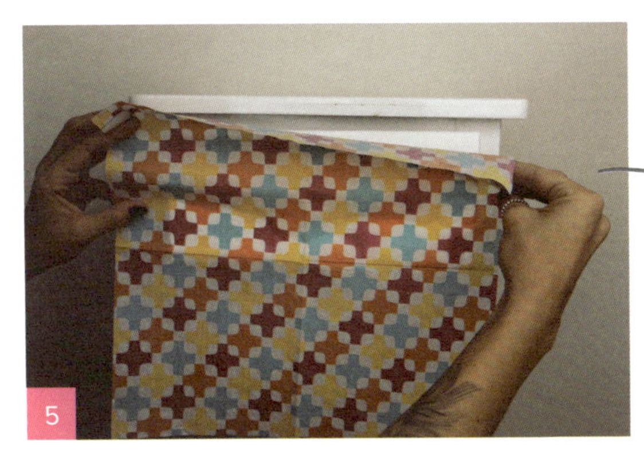

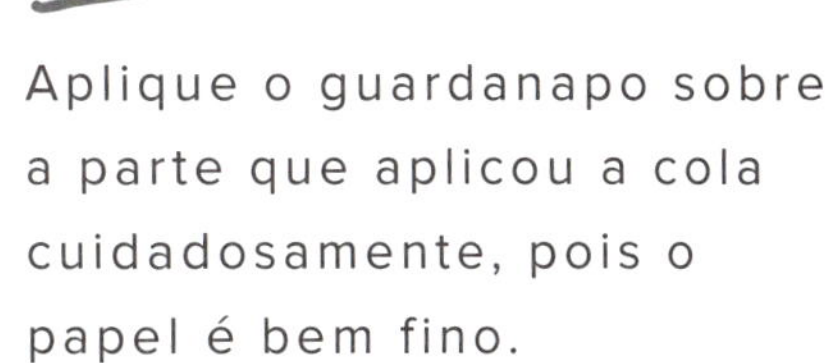

Aplique o guardanapo sobre a parte que aplicou a cola cuidadosamente, pois o papel é bem fino.

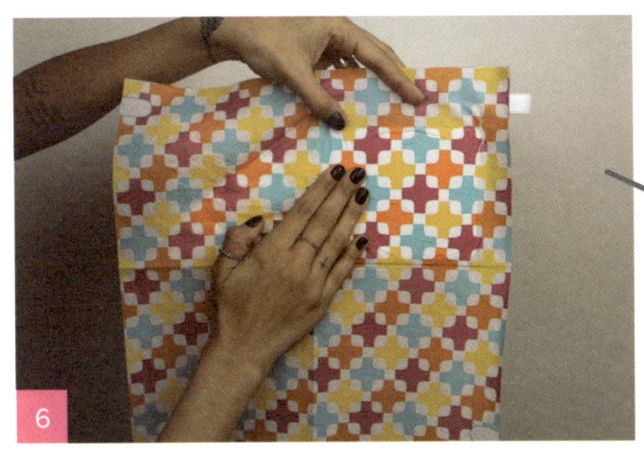

Dê batidinhas de leve com as pontas dos dedos para fixar o papel no móvel.

Depois de secar, retire o excesso do papel nas bordas com o auxílio de uma tesoura.

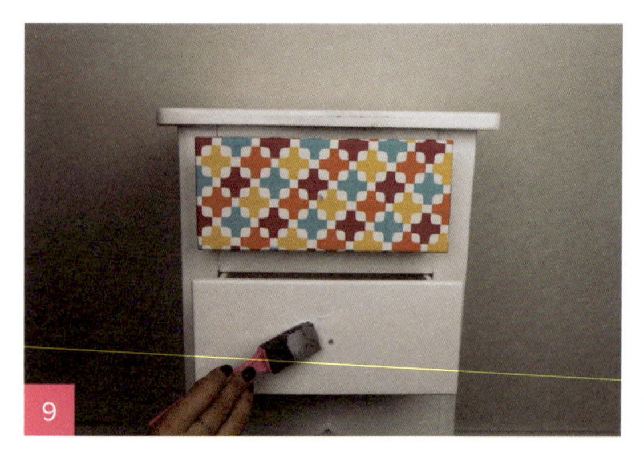

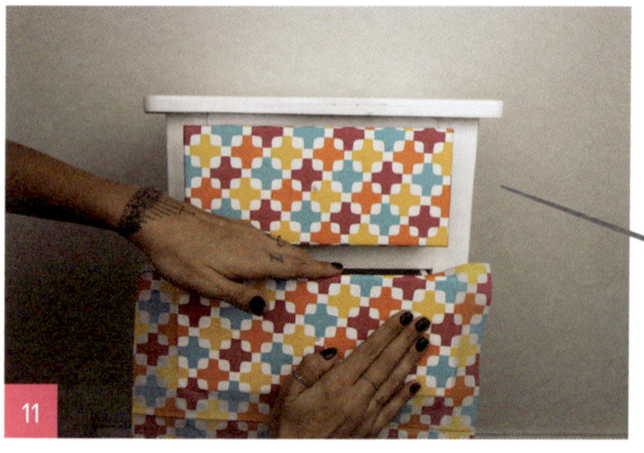

Repita o processo em todas as gavetas.

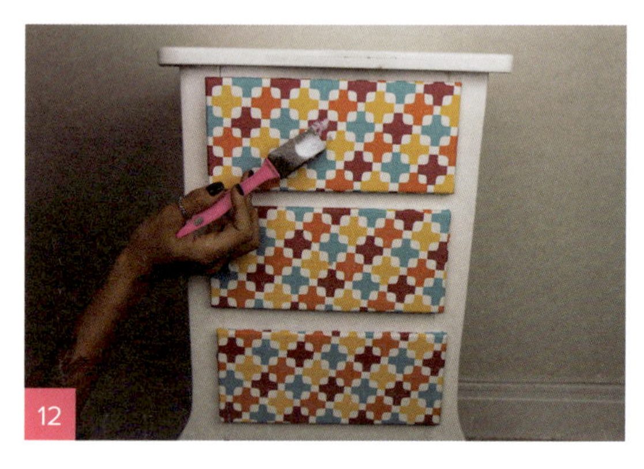

Deixe secar por quatro horas, e aplique cuidadosamente uma camada de cola branca por cima do papel, bem suave para que o papel não rasgue.

14

Deixe secar por mais quatro horas. Coloque os puxadores novamente.

Pronto! Este criado agora fala! E, pelo visual, tem muita história pra contar agora.

Quadr
Alone
we go Faster
Together, we go
Further

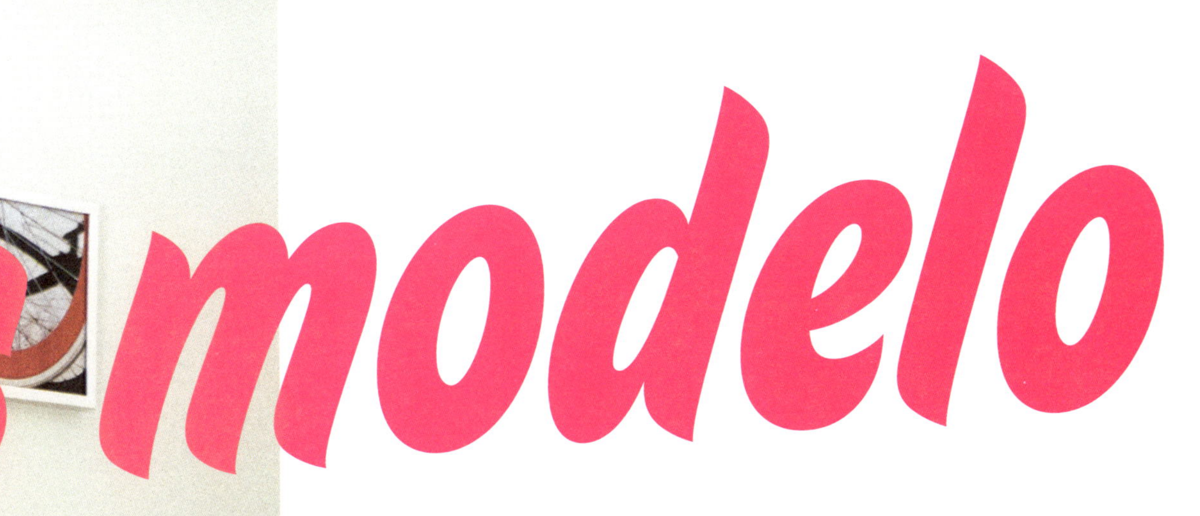

Ufa, cansada depois de tanta dica? Parabéns, viu como você é capaz de fazer coisas incríveis? Agora eu preparei uma surpresa, já que este livro está quase chegando ao fim. Quem nunca foi apaixonada por uma parede cheia de quadros, mas não tinha ideia de por onde começar? Aqui não vamos falar de dica e sim de um mimo que guardei para você, porque nas próximas páginas você encontra fotos que fiz na minha última viagem para Cancun e Barcelona, mais duas artes de um artista que eu gosto muito que é o @lucasabilly. Então eu enquadrei essas dez imagens do meu jeitinho e, claro, coloquei em uma das paredes do meu quarto, que estava branca e sem graça. Quero que você faça o mesmo, para ver como o seu cantinho predileto vai ficar mais aconchegante e moderno. Ah! E não deixe de me mostrar, então poste e coloque a hashtag #meuKantinho, com "K" mesmo, que quero ver todos.

Alone
WE GO Faster
Together WE GO
Further

SORTIDA FUNICULAR
EDIFICI CEL
ENTRADA
PARC D'ATRACCIONS
SORTIDA
MIRADOR DEL VALLÈS
TOBOGANS

CARROUSEL

Never
Alone
in the
Journey

PINTURA
PINTURA

#minhadika

Eu acredito que dica boa é dica compartilhada. Então eu te desafio a criar uma dica de moda incrível usando uma camiseta lisa + tinta + fita crepe, postar em seu Instagram e colocar a hashtag #minhadika. Eu vou escolher a melhor dica, e essa dica, acredite, entrará no meu próximo livro, em que falaremos de... é segredo, sua metida! Hahahaha.

O Dica da Ka surgiu em outubro de 2013, na época que o Instagram lançou os vídeos de 15 segundos. Na verdade, ele surgiu um dia depois. Eu tinha acabado de me casar, não estava trabalhando na minha área e decidi procurar uma válvula de escape para passar meu tempo. Nunca imaginei que isso viria a ser o meu trabalho, e tomaria a proporção que tomou, em tão pouco tempo.

Tive a oportunidade de ver algo tão simples gerando motivação, descobertas, trabalhos e o mais precioso de tudo, o consumo consciente.

A MISSÃO DO DICA DA KA SE TORNOU A MISSÃO DA MINHA VIDA, MOTIVAÇÃO DE DENTRO PRA FORA, E TRANSFORMAÇÃO DE FORA PRA DENTRO!